Routines/Goodbyes

Hael López

Translated from the Spanish by
Ariel Francisco

Spuyten Duyvil
New York City

Library of Congress Cataloging-in-Publication Data

Names: López, Hael, 1994- author. | Francisco, Ariel, translator. |
    López, Hael, 1994- Rutinas/despedidas. | López, Hael, 1994-
    Rutinas/despedidas. English.
Title: Routines/goodbyes / Hael López ; translated from the Spanish by
    Ariel Francisco.
Description: New York City : Spuyten Duyvil, [2022]
Identifiers: LCCN 2022043831 | ISBN 9781956005455 (paperback)
Subjects: LCGFT: Poetry.
Classification: LCC PQ7499.3.L63 R8813 2022 | DDC 861/.7--dc23/eng/20220912
LC record available at https://lccn.loc.gov/2022043831

Paralela / 8

Ser / 14

Esta Lluvia De Ideas Es Una Tormenta / 18

Fantasma / 24

Seis Años / 28

Uelta Completa / 32

Yo Lo Recuerdo / 36

Cambio De Estación / 42

Marzo / 44

No / 48

Para Vos, Tampoco / 52

Noviembre / 56

El Temporal / 62

Cómo Muere Un Pájaro / 70

"Live Fast, Die Young" / 72

Preludio / 76

Lugar Ajeno / 78

Anticipar/Somatizar / 80

Parallel / 9

Be / 15

This Rain of Ideas is a Storm / 19

Ghost / 25

Six Years / 29

Complete Turn / 33

I Remember / 37

Changing the Station / 43

March / 45

No / 49

For You, Either / 53

November / 57

Temporary / 63

How a Bird Dies / 71

"Live Fast, Die Young" / 73

Prelude / 77

A Foreign Place / 79

Anticipation/Somatization / 81

PARALELA (05.17)

5 A.M.

Yo era diminuta.
Me habría tomado toda una vida
atravesar los días que nos separaban.
Imaginá mis dos centímetros gritando ansiosos desde el suelo.
Imaginá una hormiga mojada intentando,
escalón por escalón,
llegar al templo.

Yo era solo una cara pegada a la ventana de un taxi
parado en la esquina.
Y las voces
y las risas
y tus pasos
y tus planes
y el movimiento constante
todo lejano, detrás de niebla densa para mi,
      cubierta de telarañas
      hecha de silencios
      de llegadas tarde
      siempre tan tarde
      siempre fuera de tiempo.
Porque mis dos centímetros recorren el mundo en espiral.

Imaginá la lluvia vista desde lejos.
Imaginá un árbol joven cayendo.
Las trescientas noventa y tres millas entre mi aliento
y tus sentidos ocupados,
entre tus dedos moviéndose en el viento
y mi sombra condenada al mediodía.
Al mediotiempo.

PARALLEL (05.17)

5 A.M.

I was small.
It would've taken my entire life
to traverse the days dividing us.
Imagine me two centimeters tall anxiously screaming from the floor.
Imagine a wet ant trying,
step by step,
to reach the temple.

I was just a face pressed against the window of a taxi
parked on the corner.
And the voices
and the laughter
and your footsteps
and your plans
and the constant motion
everything distant, behind a dense fog just for me,
      covered in spiderwebs
      made of silence
      of late arrivals
      always so late
      always out of time.
Because my two centimeters travel this spiraling world.

Imagine rain seen from afar.
Imagine a young tree falling.
The three hundred ninety-three miles between my breath
and your occupied senses,
between your fingers swaying in the wind
and my shadow condemned by noon.
At time's center.

Yo era ayer
olvidada entre prisas y promesas nuevas
enterrada bajo cada segundo que pasaba,
cada uno más grande que el otro
cada uno más pesado que el anterior.
Con el sonido del metal atravesando mi columna.

Imaginame invisible, sí,
atravesada fácilmente, como quien no está,
mientras llenas tus brazos de hoy y tu boca tiembla.
Imaginame invisible, ardiendo por dentro
con la piel muerta y mis dos centímetros
escalando una montaña sin poder ver la cima.
Las nubes tiemblan.
Mis piernas mojadas tiemblan.

Imaginá una hoja seca quebrándose
cuando la despedís con un beso.
Imaginá mis dedos quebrándose y el lápiz cayendo
junto a la pila de cartas sin escribir.
Yo era una hormiga en una silla en la última fila
          la que nadie escuchaba aplaudir
          la que nadie veía caer.
Pasajera cualquiera, dormida en el tren,
soñando con los pasadizos secretos de tu casa.

Imaginame hablando sin decir algo.
Moviendo la boca mientras tus oídos se llenaban de mar.
Yo era ceniza flotando
de algo que nadie vio arder.
Y el eco cada vez más débil y finalmente extinto
encerrado en mi pecho
oculto dentro de mi pecho.

I was yesterday
forgotten among new hastes and promises
buried under each passing minute,
each one bigger than the last
each one heavier than the one before.
With the sound of metal crossing my spine.

Imagine me invisible, yes,
easily walked through, like someone not there at all,
while you fill your arms with today as your mouth trembles.
Imagine me invisible, my insides aflame
with dead skin and my two centimeters
climbing a mountain unable to see the peak.
The clouds tremble.
My soaked legs tremble.

Imagine a dried leaf breaking
when you kiss it goodbye.
Imagine my fingers breaking and my pen falling
on a pile of unwritten letters.
I was an ant sitting in the last row
          that no one heard clapping
          that no one saw fall.
A nobody, asleep on the train,
dreaming of your home's secret passages.

Imagine me speaking without saying anything.
Moving my lips while your ears fill with sea.
I was ash, floating
from something no one burned.
And the echo grows weaker and finally exhausts
entombed in my stomach
hidden in my stomach.

La mano que ondea desde lejos
          silencio
          silencio
Palabras borradas en un pizarrón
          silencio
          silencio
Línea paralela y anhelo
          dos centímetros
          dos milímetros
          dos años luz.

Imaginá una nada oficial y no soy.
Una nada especial.
Un cuerpo intangible frente al tuyo
casi adentro, pero no.
Una pesadilla sin dormir.
Tierra aferrada a los zapatos.

Imaginá ojos color decepción que miran al suelo
con la columna aún vibrando
resonando
temblando.
          silencio
          silencio.

The hand that waves from afar
    silence
    silence
Words erased from the blackboard
    silence
    silence
Parallel line and longing
      two centimeters
      two millimeters
      two light years.

Imagine an official nothing and I'm nothing.
A special nothing.
An intangible body in front of yours
almost inside, but no.
A sleepless nightmare.
Dirt clinging to a shoe.

Imagine eyes the color of deception staring at the floor
with my spine still shaking
echoing
trembling.
      Silence
      silence.

SER

1 (05.17)

Si pudiera elegir
elegiría ser más alta
y no tener pies
para no aplastar hormigas

Elegiría cambiar de nombre
por uno que no hayas pronunciado antes
y cambiarlo cuando cambie el clima
o el color del viento

Si pudiera
elegiría ser algo que florece
en vez de esta carne
siempre decadente

Elegiría ser cualquier otra cosa
como un pez que se suicida
para ver el cielo
o una gata sin instinto de conservación

Si yo pudiera, vida,
elegiría observarte
cuando no hay nadie cerca
y los grillos no saben que tienen público

 Elegiría tener manos más suaves
que sepan nadar sin miedo
y corazón de elefante
para no temer cuando el camino se acabe
para confiar.

BE

1 (05.17)

If I could choose
I'd choose to be taller
and have no feet
so as not to step on ants

I'd choose to change my name
to one you've never pronounced
and change it again with the weather
or the color of the wind

If I could
I'd choose to be something that flowers
instead of this flesh
always decadent

I'd choose to be anything else
like a fish who commits suicide
just to see the sky
or a cat with no survival instinct

If I could, life,
I'd choose to observe you
when no ones near
when the crickets don't know they have an audience

I'd choose to have softer hands
that know how to swim without fear
and an elephant heart
to not fear when the path ends
to trust.

2 (08.17)

Todo es culpa del sol
y del movimiento de la tierra
Pudimos ser solo noche
o solo mar

Pudimos ser un cuento de hadas
y no tan humanos
Híbridos felices, pudimos ser
y nada humanos,
mejor

Es culpa de la presión de la atmósfera
Pudimos nacer
con un baile en la sangre
o destinados al atardecer
en vez de esta colección de huesos
que apenas puede moverse
en el espacio
y le tiene miedo al tiempo

Cuarto menguante
Pudimos ser
pluma que vuela independiente
otra historia en otro momento
Pudimos ser
En vez de humanos tristes y viejos,
en vez de ser hijos
del destiempo.

2 (08.17)

Everything is the sun's fault
and the Earth's spinning
we could've been only night
or only sea

We could've been a fairytale
and not so human
we could've been happy hybrids
and nothing human,
better

It's the atmospheric pressure's fault
we could've been born
with a dance in our blood
or destined for the sunset
instead of this collection of bones
that can barely move
in this space
and fears time

An ebbing room
we could've been
feathers flying on their own
another history in another time
we could've been
instead of being sad and old humans,
instead of being the children
of untimeliness.

ESTA LLUVIA DE IDEAS ES UNA TORMENTA (08.15)

Tristes mañanas.
Rutinas.
Despedidas.

Despierto y camino hacia mi espejo roto.
Ojeras: mis sueños frustrados se acomodan debajo de mis ojos.
Arrugas: el camino que deben seguir las lágrimas.
Sonrisas: caer y levantarse. Caer y no levantarse.
Caer y hacer del suelo un hogar.

Apunto en mi calendario la fecha de las risas pasadas.
Hay un huracán en mi mente:
las palabras, los momentos, los sueños, los anhelos,
se mezclan todos para formar otra realidad
en la que estás y no estás.
En la que estoy y no estoy.
En la que bailamos todos sobre los pedazos
de un viejo y derrotado corazón.

La tinta sobre el papel es más confiable
que el rastro de tus besos en mi piel.

Los caminos que seguimos por inercia
nos llevan a ruinas nuevas de palacios viejos,
a ríos desbordados que arrasan con pueblos,
a la banca en el parque en la que perdí mi muñeca
(y ahí sigue ella, llorando porque ya no recuerda a quién extraña.

Esta lluvia de ideas es una tormenta.
Este momento de soledad está lleno de fantasmas
que tienen llaves de cada puerta
y no piden permiso para entrar.

THIS RAIN OF IDEAS IS A STORM (08.15)

Sad tomorrows.
Routines.
Goodbyes.

I wake up and walk to my broken mirror.
Dark bags under my eyes: where frustrated dreams pile up.
Wrinkles: paths for my tears.
Smile: falling and rising. Falling and not rising.
Falling and making a home of the floor.

I mark past laughters on the calendar.
There's a hurricane in my head:
words, moments, dreams, yearning,
all swirling together to create another reality
in which you are here and not here.
In which I am here and not here.
In which we all dance over the pieces
of an old defeated heart.

This ink on the page is more trustworthy
than the trace of your kiss on my skin.

The paths inertia pulls us towards
take us to new ruins of old palaces,
to overwhelming rivers swallowing villages,
to the park bench where I left my doll
(and she's still there, crying because she can't remember who she misses).

This rain of ideas is a storm.
This lonely moment is full of ghosts
with keys to every door
that don't ask permission to enter.

Y recuerdo lo débil que soy ante tu nombre.
Y dejo de ver el espejo
porque me doy cuenta de que falta tu reflejo.
Me agarro el pelo y me llenó de tristeza,
pero es tarde
y si no lleno mi tiempo
me caigo en el vacío.
Si me duermo en el camino
despierto allá con vos.

¿A dónde me llevarán mis pies cansados
cuando se abra la puerta de la realidad
y brille un Sol malvado para derretir el mundo?
 ¿A dónde se va la noche cuando tiene miedo
y por qué olvida las promesas que nos inspira a decir?

Brillan momentos borrosos,
me escondo en tus ojos cerrados.

Las letras no saben acomodarse.
Me miran perplejas desde el otro lado del cristal
y yo bajo la mirada
porque no puedo contestar.

El día se va entre máscaras.
Entre miradas a la nada y silencios de fracaso,
entre palabras entrenadas, coreografiadas.
Pero algunas canciones no se acaban…
Y yo puedo verte aún a mi lado,
bailando al ritmo del alcohol,
cantando tristezas ajenas que nos confunden el corazón.

And I remember how weak I am to your name.
And I stop looking at the mirror
when I notice there's no reflection.
I pull my hair and fill with grief,
but it's late
and if I don't fill in time
I fall into the void.
If I sleep on the way
I awake there with you.

Where will my tired feet take me
when the door of reality opens
and the evil shining sun melts the world?
Where does the night go when it's scared
and why does it forget the promises it inspired us to give?

Hazy moments shine,
I hide in your closed eyes.

Letters don't know how to get comfortable.
They stare at me perplexed from the otherside of the glass
and I lower my gaze
I have no answers.

The day leaves masked.
Between looking at nothing and silence's failure,
between trained and practiced words.
But some songs never end.
And I don't see you by my side,
dancing a drunken rhythm
singing other sorrows that confuse the heart.

Puedo verte en mi cintura,
puedo verte secando mis lágrimas,
puedo verte encendiendo y apagando una llama.
Puedo verte temblando
y puedo verme a tu lado
pensando en este momento y este lugar.

Perdida en la mezcla de pasado, futuro y presente.
Perdida en suspiros.
Perdida en laberintos sin entrada.
Algo brilla en el cielo, asusta al suelo.
Despierto del ensueño diario y despierta conmigo la ansiedad.

Salgo a buscarnos.
Encuentro la lluvia.
Y todo el mundo entra por los poros sedientos de mi piel.

I can see you in my waist,
I can see you drying my tears,
I can see you turning a flame on and off.
I can see you shaking
and I can see me next to you
thinking of this moment and this place.

Lost in the mess of the past, future, and present.
Lost in sighs.
Lost in entranceless labyrinths.
Something shines in the sky, frightening the floor.
A wake up from the daydream and so does my anxiety.

I go out to look for us.
I find rain.
And the whole world enters me through my skin's thirsty pores.

FANTASMA (09.15)

Te observo en silencio desde la comodidad de mis recuerdos.
Como la sombra que te alivia
a la mitad de la jornada.
La sombra que te esconde
el camino por las noches
y hace recorrer un escalofrío por tu espalda.
Te observo así, tranquilo,
con una lágrima recorriendo
lo más profundo de mi alma.
Una lágrima que busca
el río de tus afectos.
Muertos.
Desiertos.
Paisajes marchitos por el tiempo.
Soy tu fantasma.
El fantasma de lo que sentiste.
Soy el eco de las palabras que decías con los ojos,
de las palabras que tu boca
marcaba en mi piel.
Yo soy el tiempo consumiéndote.
Siguiéndote los pasos como perro fiel.
Te observo con los ojos empañados
y el cadáver de tu sonrisa en mis labios.
Sanando tus heridas
que también son mías.
Acariciando con mis manos temblorosas
el rastro de tu aroma.
Soy el viento que te llama por la madrugada
y te hace voltear en la calle
para enfrentar la nada.
Soy el vacío en tu pecho
y las interminables noches de desvelo.

GHOST (09.15)

I watch you in silence from the comfort of my memories.
Like the shadow that relieves you
halfway through the workday.
The shadow that hides
the way through night
and sends a shiver up your spine.
I watch you like this, calm,
a tear plunging
down into the depths of me.
A tear searching
for the river of you.
Dead.
Deserts.
Landscapes withered by time.
I am your ghost.
The ghost of what you felt.
I am the echo of the words spoken through your eyes,
of the words your mouth
marked on my skin.
I am time consuming you.
Following your steps like a faithful dog.
I watch you with fogged eyes
and the cadaver of your smile on my lips,
healing your wounds
that are also my wounds.
With trembling hands caressing
the trail of your scent.
I am the wind that calls to you at dawn
and turns you in the street
to confront nothing.
I am the empty in your stomach
and the intermittent nights of wakefulness.

Soy la nostalgia que llena tus canciones,
la lluvia que inunda tus rincones,
la chispa que enciende la llama
que convierte en cenizas tu paz.
Te observo como un sueño que se vuelve gris.
Un universo entero que se apaga
al mismo tiempo que despiertas
agitada en tu cama.

I am the nostalgia that fills your songs,
I am the rain flooding your corners,
spark that inflames
your past until it's ashes.
I watch you like a graying dream.
An entire universe unplugged
at the moment you wake up
shaken in your bed.

SEIS AÑOS (10.16)

Mi tragedia er secreta
para que nadie me robe su nombre.

De ver en cuando me pregunto
si debo agradecerle a la noche
que él no pudiera conocer antes el miedo:
que se negó a sangrar antes de tiempo,
que la muerte lo tomara por sorpresa.
Que esta vida mierda no le quitara la inocencia.

Aquí sigue su hogar.
No su casa de puerta derrumbada
y de rutina interrumpida,
cortada,
esa no.
Pero su hogar sigue aquí,
en mis brazos vacíos,
el dolor de mi espalda.
En el silencio que yo guardo como promesa.

Tiene por siempre la edad que yo recuerdo
y juega a volar,
sueña con crecer y navegar...
¡Que nadie lo despierte!
Que las bombas no corten su noche.
Que siempre haya estrellas en el cielo
para que no le tema a ninguna oscuridad.

SIX YEARS (10.16)

My tragedy is a secret
so no one steals your name.

Every now and then I ask myself
if I should thank the night
that you didn't get the chance to know fear:
that you denied to bleed out ahead of time,
that death took you by surprise.
That this shit life didn't take your innocence.

Your home continues here.
Not your house with its crumbled door
and disrupted routine,
cut,
not that one.
But your home continues here,
in my empty arms,
the pain in my back.
In the silence I guard like a promise.

You'll always be as young as I remember you
and feign at flying,
dream of growing and sailing.
I hope no one wakes you!
I hope the bombs don't shorten your night.
I hope there are always stars in your skies
so you won't fear any darkness.

Aquí en su hogar…
Su cuna,
mi tragedia secreta.
No es de una fecha ni de una bandera,
es mío por siempre.

Cuento las lágrimas
para que no laven su rostro de mis pupilas.
Lo guardo en mis labios agrietados,
en mi sonrisa olvidada.
Lo guardo en mis silencio
para que el viento no lo disperse por ahí,
para que nadie me robe su nombre.

Here is your home:
your crib,
my secret tragedy.
It belongs to no date and no flag.
It's mine forever.

I count the tears
so they won't wash your face from my eyes.
I hide them in my cracked lips,
in my forgotten smile.
I hide it in my silence
so the wind won't blow it away,
so no one steals your name from me.

UELTA COMPLETA (10.17)

Se le cae el corazón en un vaso lleno de cerveza
y lo ve hundirse
mientras repasa el borde con un dedo.

Se le caen los pedazos
en la mala rima de un poema sin terminar
pero no se levanta,
no levanta la cabeza.
No dice nada y casi parece que no siente nada.
Sigue escribiendo palabras sueltas
y viendo de reojo el teléfono,
sabiendo que no va a sonar.

Se le cae una lágrima sobre la almohada
y se acuerda de los viejos cuentos,
de las galaxias dibujadas en caparazones,
de las historias entre las ramas,
a la altura de los pájaros.

Lo recuerda y canta sin querer.
Se deshace de sus días vacíos con un suspiro.

Se le cae el ánimo y se llena de polvo.
Se detiene a ver el cielo,
voltea,
y ante sus ojos tibios aparece el paisaje
que olvidó fotografiar.

COMPLETE TURN (10.17)

Your heart fell into a glass of beer
I watched it drown
while tracing the rim with my finger.

The pieces fall
on terrible rhymes of an endless poem
but you don't get up,
don't lift your head.
You say nothing, it seems like you feel nothing.
You keep writing loose words
and stealing looks at your phone,
knowing it won't ring.

A tear falls to your pillow
recalling the old stories,
of galaxies drawn onto shells,
of histories housed inside tree branches,
from a bird's height.

I remember and sing desireless.
You exhale your empty days in a sigh.

Your mood drops and you fill with dust.
You stop to see the sky,
turn,
and before your warm eyes appears the landscape
you forgot to photograph.

Se le cae la oportunidad,
la fecha y el lugar ruedan a sus pies.
Tropieza con la coincidencia,
con los rayos de luz de Luna que completan otra vuelta.
Tiemblan sus labios y sus piernas.
La noche y el agua tranquilas,
las voces ajenas.
Fallar.
Faltar.

Opportunity falls away from you,
the date and place coil around our feet.
Tripping over coincidence,
over rays of moonlight finishing a turn.
Your lips and legs tremble.
Both night and the water are calm,

the voices drift off
Failure.
Failing.

YO LO RECUERDO (09.16)

A veces lo recuerdo caminando por el parque
con su andar extraño, resultado de la casualidad.
Lo recuerdo sentado en la sala
hablando,
con un cigarro en la mano
y todo es como un sueño que no parece.

Cómo se nos desdibuja el tiempo fuera del presente...

¿Qué sería de nosotros si no pudiéramos recordar?
Y peor,
¿qué sería de ellos, a quienes solo eso les queda?

A veces lo recuerdo bailando, otras enojado,
otras demasiado concentrado intentando desenredar
el rompecabezas mental con que nació.
A veces cuenta chistes, otras veces sus problemas.
Recuerdo sus ojos camaleónicos y me pregunto si es verdad
o si mi mente quiere jugar conmigo, retarme, destrozarme.

Yo a veces lo recuerdo sonriendo,
sin más calificativos, solo sonriendo.
Siendo feliz.
Pero rápido guardo el recuerdo porque me da miedo
que por traer otra vez a este mundo algo tan perfecto
se manche de la suciedad que amenaza con tragarnos.
Rápido guardo el recuerdo, porque me da miedo
que sea como un dulce que por la ansiedad pierde el sabor muy rápido
o como una foto, que de tanto besar y apretar contra el pecho
empieza a llenarse de grietas, en que se borran los rostros.

I REMEMBER (09.16)

Sometimes I remember you passing through the park
with your strange walk just by chance.
I remember you sitting in the living room
talking,
cigarette in hand
it's all like a dream that won't appear.

How time blurs us out of the present.

What would become of us if we couldn't remember?
And worse,
what would become of those with nothing else?

Sometimes I remember you dancing, other times angry,
other times concentrating on untangling
that puzzle of a mind you were born with.
Sometimes telling jokes, sometimes recounting problems.
I remember your chameleon eyes and ask myself if you are real
or if my mind is playing with me, provoking, destroying me.

Sometimes I remember you smiling,
nothing else, just smiling.
Being happy.
But I quickly hide that memory for fear
that bringing something so perfect into this world again
will stain it with this world that awakens to swallow us.
I rush to hide that memory for fear
that it's like a candy losing its sweetness too quickly from anxiety
or like a photo after kissing it too much and holding it close
that starts to crack and fade away.

Yo lo recuerdo.
A veces sonrío con él y a veces lloro.
Yo lo recuerdo y a veces me parece que le cambio el nombre,
que está más gordo, que está más triste.
A veces lo recuerdo y pienso que me lo inventé,
entonces corro a buscar su camisa
guardada en el fondo de una gaveta
que también guarda polvo,
y todavía huele a metal y a ceniza.
Y la imagen mental que yo guardo vuelve a tomar color

¿Qué sería de él si no pudiera recordarlo?
Si un día mi mente acumulara demasiados datos y empezara a borrar
sin preguntarme, a limpiar anaqueles, tirar cajas, desempolvar rincones.

Ahí están algunas de sus canciones, colgadas en telarañas…

¿Qué pasa si empiezo a confundirlos?
¿Si junto a todos mis muertos en una sola nostalgia
y solo en noviembre me dedico a regar sus flores en mi jardín?

A veces lo recuerdo como una prueba,
como ejercicio, me pregunto de qué color era su camisa
y qué día fue ese en que lo conocí.
Fuerzo mi mente a recorrer esos caminos, a volver.
Lo recuerdo como quien cumple una cita o una obligación,
repaso el calendario,
me fijo en los detalles,
me aseguro de que sigue ahí.

I remember.
Sometimes I smile with you and sometimes I cry.
I remember you and sometimes it's like you've changed your name,
like you're bigger, more sad.
Sometimes I remember and I think I must have invented you,
and run to find your shirt
hidden in the back of my dresser
that also hides dust,
and it still smells of metal and cinder.
And the mental picture I keep is colored again.

What would happen to you if I couldn't remember?
If one day my brain took in too much information and began to erase
without permission, cleaning the shelves, throwing out boxes, dusting
        the corners.

Here are some of your songs, hung from spiderwebs.

What happens when I begin to confuse them?
If I gather all my dead into one nostalgia
and only dedicate myself to strewing their flowers in my garden in
        November?

Sometimes I remember you like a proof,
like an exercise, I ask myself the color of your shirt
and what day I met you.
I force my brain to retrace those steps, to return.
I remember like an appointment or an errand,
reviewing the calendar,
focusing on the details,
making sure it's still there.

Pero a veces no recuerdo
y tiemblo…

A veces me topo con las paredes de sus misterios
y siento cómo el hogar que construí para él se desmorona
y quedo yo sola entre los escombros del tiempo y de la vida
preguntándome a dónde se fue. Y por qué.

Yo lo recuerdo y dicen que mantengo viva la herida,
que así nunca va a sanar.
Pero me da miedo despertarme un día, verme al espejo
y no encontrar su cicatriz.
Levantarme un día con los ojos secos,
caminar, trabajar, tomar café,
detenerme en los parques y cantarle a los niños como si nada faltara.
Como si no me hubieran arrancado nada del alma.

Yo lo recuerdo, porque ya lo mató el mundo una vez
¿Cómo podríamos perdonarnos que también lo mate yo?

But sometimes I don't remember
and I tremble.

Sometimes I run into the walls of your mystery
and I feel like the home that I built for you crumbles
and I'm left among the debris of time and life
asking myself where you went. And why.

I remember and people say I'm keeping the pain alive,
that I'll never heal this way.
But I'm afraid to wake up one day, look in the mirror
and not see your scar.
To wake up one day dry-eyed,
walk, work, drink coffee,
stop in the park and sing to the children, as if nothing were missing.
As if nothing had been uprooted from my life.

I remember you, because the world has already killed you once,
how could I forgive myself if I killed you again?

CAMBIO DE ESTACIÓN (03.17)

Yo supe siempre
De tu pecho hecho de pájaros
Y tus pies llenos de hormigas
Y lo supe
Porque eras agua para reflejarme
Porque eras punto de partida
No destino,
Sino compañía
Así que no hay sorpresa
En este viento
Que desarma árboles
Y nos separa los brazos
Porque supimos siempre
Que nuestra primavera
No era eterna
Aunque quisiéramos creer en las canciones
Aunque nos escondiéramos
Entre las ramas
Para evitar al sol
No nos sorprende
Que se caigan nuestros pétalos
Y aunque duele
Sabemos que el verde
Seguirá durmiendo entre la tierra
Y siempre van a estar ahí
Esos lugares a los que no fuimos
Porque es lo que hacen,
Esperan
Y lo que hacemos nosotros
Es irnos.

CHANGING THE STATION (03.17)

I always knew
your stomach was made of birds
and your feet were full of ants
I knew
because you're the water that reflects me
because you're a point of departure
not a destination,
but company
this way there are no surprises
in this wind
that deleaves the trees
and pulls our arms apart
because we always knew
that our spring
would not last
even if we wanted to believe in its songs
even if we hid
in the branches
from the sun
we aren't surprised
when our petals fall
and though it hurts
we know the green
goes on sleeping in the earth
and will always be there
those places we never went to
because that's what they do,
wait,
and what we do
is leave.

MARZO (03.17)

m a r z o e s e n o r m e
se extiende como carretera vacía ante mis ojos
eterna línea recta que no parece llegar
es como el mar, es decir, como horizonte

marzo me llueve
cargo nubes en la memoria
naufragan mis zapatos, necios
y no detienen su búsqueda
son como un pez que no duerme

es esa eterna línea recta, marzo
la que une desde allá,
donde el sol sale,
y alcanza allá, donde se oculta
cada vez, otra vez

¿cuántas veces marzo?
¿cuántas noches esa noche?
¿cuántas veces la sorpresa repetida de volver a comenzar?

los ojos se multiplican en el cielo
pero yo sé que me veo muy pequeña desde lejos
más pequeña
que allá nadie me ve

y no hay brazos que abarquen tanto, marzo
como el h o r i z o n t e,
ni curvas que escondan aquella colina adornada con chozas
donde los pies cansados callan
y las personas convierten su amor en mar

MARCH (03.17)

M a r c h i s e n o r m o u s
it extends like an empty highway before me
an eternal straight line that leads nowhere
it's like the sea, that is to say, the horizon

March rains on me
I carry clouds of memories
that drown my stupid shoes
and do not stop their search

March is this eternal straight line
the one connecting from there,
where the sun sits,
and reaches all the way to where it sets
every time, again

How many times, March?
How many nights this night?
How many times the recurring surprise of starting again?

Eyes multiply in the sky
but I know I seem small from a distance
so small
no one can see me

and there are no arms that embrace so much, March
like the h o r i z o n,
or curves that hide those hills adorned with huts
where the tired feet fall
and the people transmute their love into the ocean

marzo me supera
y lo recibo aquí, cada año
como isla me sostengo, como árbol,
es decir como perro
que se sienta a ver atardecer

te atravieso, marzo
como camino sin norte que se debe andar
con los ojos cerrados
mientras las olas juegan a arrancar pedazos de playa.

March breaks me
and I take it, every year
like an island I hang on, like a tree,
that is to say, like a dog
sitting to watch the sunset

I survive you, March
like a northless journey that must be taken
with eyes closed
while waves pry away pieces of the beach.

NO (12.16)

se sienta y repite que no
y baja la voz cuando alguien pasa cerca
y desvía la mirada
y finge que tose o bosteza
pero sigue repitiendo que no
que no va a volver a empezar
que el límite es el límite
y que sus bordes de cuchillo
ya le han gastado mucho la piel
y que no tiene más fuerza
para mantenerse en silencio y de pie
y alguien le pregunta la hora
y responde sin retraso
y sin ver a los ojos
y sin dejar de pensar que no
sin dejar de convencerse
repite para sí
cada vez con más fuerza
ahogando los otros sonidos
y se levanta y camina
y sigue su norte
sin saber a dónde va ni preocuparse
el no le llena la cabeza
le cambia el color de los ojos
le llena de hormigas las venas
y no ve el semáforo
que le marca rojo
ni escucha el frenar tardío
ni siente el golpe del auto verde contra su cuerpo
ni de su cuerpo sobre el asfalto
no se pregunta ya donde quedó su zapato

NO (12.16)

I feel it and you repeat no
and drop your voice when people pass closely
and look away
and pretend to cough or yawn
but keep saying no
that you won't start again
that the limit is the limit
that the knife's edge
has taken enough skin
and there's no strength left
to stay silent and standing
and someone asks the time
and you answer instantly
without looking them in the eye
without stopping of thinking of no
without stopping to convincing yourself
repeat for yes
each time more forcefully
drowning out the other sounds
and you get up and walk away
and follow your north
without knowing or worrying where you're headed
the *no* fills your mind
it changes the color of your eyes
it fills your veins with ants
and you don't see the traffic light
screaming red
or hear the late braking
or feel the green car smashing into you
or your body against the asphalt
no one asks where your shoe landed

no
ya no lo piensa
ya no se preocupa
y el no le brota por las heridas
espesando su sangre
mientras le miran desde lejos
sin acercarse.

no
and you don't think about it anymore
you don't worry about it anymore
and the no sprouts from your wounds
thickening your blood
while they watch you from a distance
without coming too close.

PARA VOS, TAMPOCO (09.17)

Vos no eras nadie.
Y entonces te escribí.

No te conozco,
no te tengo miedo.
Cuando descubrí la trampa
ya era tarde para no llorar.

No te tengo miedo,
te lo juro.
Alguna vez quise aprender
a extrañar en calma,
pero funcionamos como cajas.
Pero el mecanismo es perfecto e indiferente.
Pero los números suman más que yo
y restan menos que yo
y cuando se forman frente a mí
me duelen los ojos
y al cerrar los párpados
veo una luz que me da miedo...

Pero vos no,
te lo juro.
No te conozco.
Y tu trampa es la misma,
ya me la sé.
Veo sus cuerpos,
veo cómo arrojan flores,
desde aquí huelo su esfuerzo
y ya es tarde
para no llorar.

FOR YOU, EITHER (09.17)

You are no one.
And so, I write to you.

I don't know you,
I don't fear you.
When I discovered the trap
it was too late not to cry.

I don't fear you,
I swear.
Once, I wanted to learn
to long calmly,
but we function as boxes.
The mechanism is perfect and indifferent.
The numbers add up to more than me
and reduce to less than me
and when they appear in front of me
they hurt my eyes
and when I close my eyes
I see a frightening light.

But no,
I swear.
I don't know you.
And your trap is the same,
I already know it.
I see the bodies,
how they cast flowers,
from here I can smell your exertion
and it's too late
not to cry.

Somos un espejo.
Y en tus ojos también hay confusión
y miedo.
Yo puedo contar los insomnios
en tus arrugas incipientes
y tu vergüenza,
igual a las demás.

Vos no me conocés,
pero ardemos en el mismo f//g-h-i//juego
y si querés te cuento
cómo aprendí a llorar en seco.

Así, como quien dicta en un idioma extranjero,
como quien le habla a la pared,
como quien se declara escéptico,
pero sin miedo.

Como extraños que se dicen la hora,
que comentan el tráfico
o se sientan de espaldas
en el mismo café.

Una vez te escribí en una historia,
pero ya no.

We're a mirror.
And in your eyes there is confusion
and fear.
I can count the insomnia's
in your incipient wrinkles
and your shame,
same as the others.

You don't know me,
but we burn in the same fire
and if you want I'll tell you
how I learn to cry dry tears.

Like someone speaking another language,
like someone speaking to a wall,
like a skeptic,
but fearless.

Like strangers asking the time,
commenting on traffic
or sitting back to back
at the same cafe.

Once I wrote you into history,
but no more.

NOVIEMBRE (11.16)

he pasado estos días buscando
una nostalgia de color particular
entre hojas sueltas
notas al margen
entre jaulas para letras
y garabatos en espiral

pero no hay

he buscado nostalgia
y por su ausencia
he encontrado tristeza

una gris,
resbalosa,
como de suspiro
tristeza de que el olor se escape de las manos

detrás de mi patio crece una primavera accidental
flores amarillas se alzan buscando el sol
entre los cadáveres de otras que fracasaron
que no pudieron con el peso de las reglas
y ahora, abatidas, intentan consolarse abrazando sus raíces

de noche llueven gatos en mi techo
de día lloran perros con lazos atados al cuello
y en el tiempo muerto de en medio
me ensordece la velocidad de los extraños en movimiento

NOVEMBER (11.16)

I've spent these days searching
for a nostalgia of a particular color
among falling leaves
marginal notes
caged letters
and spiral scrawlings

but there's nothing

I've searched for nostalgia
and for your absence
I've found only grief

a gray grief,
slippery,
like a sigh
a grief whose odor rises from my hands

behind my yard grows an accidental spring
yellow flowers reach in search of the sun
among the dead who failed to find it
who couldn't handle the law's weight
and now, dejected, intent on consoling themselves by hugging their roots

at night it rains cats on my roof
by day dogs cry with bow ties around their necks
and in the dead time in between
I grow deaf from the velocity of passing strangers

¿sabés lo difícil que es escribir con los dedos congelados?
¿o dibujar corazones sobre papeles con sereno?
¿sabés cuánto me cuesta no abrazar tus ojos
cuando las ondas gélidas despiertan y truenan dentro de mi pecho?
¿sabés vos lo que se siente esperar noticias de los vivos con el viento?

he pasado estos días sin tiempo,
las noches sin sueño
pesadillas de un reloj que se detiene y se acelera
que grita órdenes
que suenan siempre como condenas

han pasado así las horas
calladas
pero como un tanque
sobre mi piel cansada de erizarse por fantasmas

alguna vez también quise creer que el mundo cabía en una canción
que una foto podía combatir el olvido
que el fin justifica los medios
pero llegó el fin
y ahora sé que son más grandes los miedos

yo quise bailar con vos
pero mis pies son de espuma de mar

he buscado una nostalgia incorrecta
como de mueble nuevo cubierto de polvo
he intentado negarme que sabía la verdad
y la verdad
es que siempre voy a preferir los barcos de papel
y los castillos de arena

Do you know how hard it is to write with frozen fingers?
Or calmly draw hearts on paper?
Do you know what it takes for me not to embrace your eyes
when the freezing waves awaken and thunder in my body?
Do you know what it's like to wait for news of the living with the wind?

the days have passed timelessly,
the nights without dreams
nightmares of a clock that stops and goes
that screams orders
that always sound like condemnation

this is how the hours pass
silent
but like a tank
over my skin tired of bristling from ghosts

once I too wanted to believe the world would become a song
that a photo could combat forgetting
that the end would justify the middles
but the end came
and now I know the fears are larger

> *I wanted to dance with you*
> *but my feet were made of seafoam*

I've been searching for an incorrect nostalgia
like a new piece of furniture covered in dust
I wanted to deny that I knew the truth
and the truth
is I will always prefer paper boats
and sand castles

todo eso frágil
todo lo efímero
todo lo que no tiene vida
pero que muere,
igual que nosotros

hay días que no merecen detenerse a ver el ocaso
no merecen lágrimas en los ojos
la nostalgia es una emoción pura
reservada para la verdad
y aquí
en la rutina
en la distancia prudente que imponemos
entre nuestro impulso y las ruinas
aquí no hay.

everything is fragile
everything ephemeral
every lifeless thing
that still dies,
same as us

there are days that don't merit watching the sunset
don't merit tears in our eyes
nostalgia is a pure emotion
reserved for the truth
and here
in the routine
in the prudent distance we impose
within our impulses and ruins
here there is none.

EL TEMPORAL (01.18)

el viento está violento

las ramas se deshojan con la brisa
pero las nubes no duran mucho aquí

tengo frío, pero si cierro la ventana me asfixio
el viento se mete por todos lados
tiene fuerza

algunas veces lo he escuchado gritar en las cimas
lo he escuchado cantar con los árboles
me he preguntado muchas veces
cómo se sienten las aves, qué saben todas esas criaturas
más ligeras que nosotros
más libres que nosotros
que tienen la oportunidad de ser con el viento
de ver todo desde arriba y más lejos

cuántos universos coexisten en este mismo lugar y momento
todas las personas en este cuarto
allá en la calle
cargando con su pasado y sus sueños en los ojos
con las raíces brotándoles por los labios

hay enormes abismos negros entre dos personas que hablan
pero que entienden diferente una misma palabra

¿qué siente un perro con hambre cuando recibe una caricia de una mano
extraña?
los colores cambian según la altitud
y las nubes cambian

TEMPORARY (01.18)

the wind is violent

branches deleafed by the breeze
clouds don't last long here

I'm cold, but if I close the window I'll choke
the strong wind enters
from everywhere

sometimes I've heard it shout from the hilltops
I've heard it sing with the trees
it's asked me many times
how birds sit, what do all these animals know
more tears than us
more free than us
that have the chance to be with the wind
to see everything from above and far away

how many other universes exists in this place and time
everyone in this room
over there on the street
carrying their past and dreams in their eyes
with smiles sprouting from their lips

there's an enormous black abyss between two people speaking
who understand the same word differently

what does the hungry dog feel when caressed by a strange hand?
colors change in accordance with the altitude
and the clouds alter

yo no sé qué grita el viento esta madrugada
y no sé los nombres de las flores que ahora se mueren detrás de la pared
ni de las estrellas que murieron hace años
y aun adornan las soledades y esperanzas

-veo la ternura en sus ojos confundidos y curiosos
me imagino que me habla con timidez. dudando de su confianza-

no quiero cerrar la ventana
así como otras veces no he querido dormir
y no que querido despertar

el frío hay que sentirlo en todo el cuerpo
en todas las grietas
hay que dejarlo recorrer cada ruta escondida bajo la piel

el fuego hay que contemplarlo con atención
ver el detalle de cada chispa
ver cómo desgasta la materia

el agua cambia, siempre
como cambia la palabra

-¿sueñan en paz o también tienen miedo?
¿qué piensan, si es que piensan, del mañana?-

a veces parece que el viento también busca y no encuentra
quién sabe si hay otro río imperceptible allá
cerca de nuestra cabeza
pero fuera del alcance de las manos
y de repente todas las aves sí saben nadar

I don't know what the wind is shouting this morning
and I don't know the names of the flowers now dying behind the wall
or of the stars that have been dead for years
and still adorn the loneliness and hope

—I see the tenderness in your confused and curious eyes
I imagine you speaking to me shyly, doubtiting your confidence—

I don't want to close the window
just like when I don't want to sleep
and don't want to say goodbye

the cold must be felt with your entire body
in every shout
you must let it run every route hidden under your skin

fire must be contemplated closely
see the detail in every ember
see how it wears out any matter

water changes, always
as words do

—do they sleep in peace or do they fear too?
what do they think, if they think, of tomorrow?—

at times it seems the wind is also searching without finding
who knows if there's another imperceptible river over there
near our heads
but out of our hands reach
and suddenly all the birds know how to swim

nuestro cuerpo atrapado en este punto medio
sangre caliente, sed y un útero tibio
nuestro cuerpo tan torpe
parecido a las piedras
temerarios, volvemos un juego nuestra supervivencia

¿qué dicen las ramas que crujen y caen?
yo las veo dormir y respirar
y si pudiera disolverme y ser vapor
ser ceniza
ser el agua en forma de nada que se mueve hacia ningún lugar...
pero yo solo me deshago en tiempo
y todas mis ansias por permanecer
son el signo de mi ser: la contradicción
todas estas ganas de entender
de sentirme capaz de estar tan llena de aire
tan llena de mar
de llenar mis ojos de tanta primavera
hasta convertirme en flor eterna
o poder aceptar mi destino mortal

nuestras trampas de acero también suenan
cortan la ruta del viento
el camino y la luz
chocan y explotan en los oídos
en los párpados cerrados
en la piel erizada bajo el azul profundo de la madrugada
de la falta de nombre
de la búsqueda por una razón

las sensibilidades líquidas y los compases
-mis pies juegan a ser metrónomo descompuesto,
quería decir hace tiempo,
y ella juega a encontrar lo que no sabe si está ahí de verdad-

our bodies trapped in this midway point
hot blooded, thirst and warm womb
our awkward bodies
appearing like rocks
reckless, we return to the game of our survival

what do the branches say that creak and fall?
I watch them sleep and breath
and if I could dissolve and become vapor
become ash
become formless water that moves going nowhere
but I alone undo time
and all my anxieties for permanence
are the sign of my being: the contradiction
all these desires to understand
to feel capable of being so full of air
so full of the sea
to fill my eyes with so much spring
until I become an eternal flower
or accept my mortality

our steel traps also ring
cutting the winds path
the path and the light
they crash and erupt in the ears
in closed eyelids
in the goosebumped skin under the deep blue of morning
from the lack of a name
from the search for a reason

our liquid sensibilities and compasses
—my feet pretend to be decomposing metronomes,
I wanted to say for a while,
and she plays at finding something she isn't sure is there at all—

tal vez los brazos son los únicos que entienden
de qué habla el viento
y por eso buscan con ternura
algo para sostenerse
en medio del temporal.

maybe only our arms understand
what the wind speaks of
and that's why they tenderly seek
something to sustain them
in the middle of what's temporary.

CÓMO MUERE UN PÁJARO (12.16)

Todo pájaro debería tener el derecho
a morir de noche
y sobre el mar
para que se lo trague
un espejo inquieto
y pueda seguir flotando.

Todo ave debería tener derecho
a no tocar nunca el suelo,
a quedar suspendida en el silencio
de un cielo azul reflejado
en un portal al otro lado.

Deberían tener derecho
a no cerrar nunca sus alas.

HOW A BIRD DIES (12.16)

Every bird should have the right
to die by night
over the sea
to be swallowed
by the restless mirror
and float on.

Every bird should have the right
to never touch the ground,
to remain suspended in the silence
of a blue sky reflected
in a portal to the other side.

They should have the right
to never close their wings.

"LIVE FAST, DIE YOUNG" (09.17)

estos son nuestros mejores tiempos
sopor etílico
arrugas tímidas
amores que no lo son

estos son nuestros mejores tiempos
canciones repetidas
monotonía empresarial
el cliché adolescente
        pero anacrónico
ni rebeldía ni autoridad

es que nuestros padres no pelearon por nada
y no supieron heredar esperanza
miles de fuegos se han extinto
mientras cambiamos de canal
o elegimos muebles para la sala

es que nuestras madres ya estaban agotadas
y la moral ya había perdido su fachada
miles de nombres se han olvidado
mientras publicamos fotos
y desgarramos la red
buscando algo real

estos son nuestros mejores tiempos
pixeles y filtros
palabras sin oídos

las ovejas negras se juntan a bailar
ritual para perder la conciencia
las ovejas negras se reúnen a rezar

"LIVE FAST, DIE YOUNG" (09.17)

these are the best of times
an ethyl stupor
shy wrinkles
loves that never were

these are the best of times
songs on repeat
a monotonous business
cliche of adolescence
　　　　but anachronistic
not rebellious not law abiding

our parents didn't fight for nothing
and didn't know how to inherit hope
thousands of fires extinguished
while we change the channel
or pick out new living room furniture

our mother's were already exhausted
and morale had already lost it's facade
thousands of names forgotten
while we post photos
while we tear up the net
looking for something real

these are the best of times
pixels and filters
words without ears

the black sheep dance together
a ritual to rid themselves of consciousness
the black sheep gather to pray

con la ropa en el suelo
y la fe vomitada
porque de nada sirve perderse
si nadie te encuentra

maquillaje
retrovisor
abrir un blog
estos son nuestros mejores tiempos
llamadas en la madrugada
los corazones que no significan nada

ya no hay molde
ya no hay dirección
nuestros dioses hechos a medida
personalizada la decepción.

with their clothes on the floor
and faith vomits
because there's no use in being lost
if no one finds you

makeup
rearview mirror
start a blog
these are the best of times
calls in the morning
hearts that signify nothing

there is no mold
there is no direction
our gods made from measurements
personalized deception.

PRELUDIO (05.17)

porque las personas no son lugares
y puede que un día querrás regresar
y te encontrés con nada
porque las personas no son lugares
son aves viajeras
que construyen sus nidos con recuerdos
y después los sacrifican en invierno.

PRELUDE (05.17)

Because people are not places
and maybe one day you'll want to return
and you will find nothingness
because people are not places
they're transient birds
building nests out of memories
only to sacrifice them to winter.

LUGAR AJENO (05.17)

lo que más me gusta de este lugar
es saberlo ajeno

los caminos se acortan
con costumbre
o con afecto

pero estas calles que mis pies han devorado
y sus esquinas
y sus abandonados
que abandonaron sus esperanzas
tras las bolsas de basura
no son míos
no son mías
no tienen sabor

no vamos a lamentar las historias
que no nos contamos
y no voy a extrañarlo
porque se puede nacer extranjera
y se puede olvidar el puerto
para dedicarse al naufragio
para entregarse al mar

casa, casa
casa, casa
la mía siempre es
la próxima parada

A FOREIGN PLACE (05.17)

what I like most about this place
is knowing it's foreign

the paths shorten
from familiarity
or love

but these streets my feet have devoured
and their corners
and their homeless
that left their hope
behind the trashbags
are not mine
are not mine
they have no taste

let's not cry for histories
we didn't tell
I won't miss them
because it's possible to be born a foreigner
and it's possible to forget the harbor
to be dedicated to the shipwreck
to return to the sea

> home, home
> home, home
> mine is always
> the next stop.

ANTICIPAR/SOMATIZAR (08.17)

Ya no sabemos quién se esconde en la niebla
y desconfiamos de los abrazos
Por eso nos guardamos todos los suspiros
para ese día en que nos llegue
el golpe final de la noche

Y tomamos fotos
para no perder tiempo observando
Y aceleramos los pies sobre el campo
sabiendo que bajo el suelo hay mucho más
de lo que podemos manejar

Quién tiene tiempo para hablar de poesía un lunes
Si apenas tenemos espacio
para mover los brazos

Y nuestros te quiero se mueren ahogados
tras capas apuradas de pintura y cal,
entre buenos días sin sentimiento
y rutas viejas
y caras desanimadas
Y distancias insertadas en el pecho
que a veces intentan
escapar por los ojos
y que no sabemos manejar

Sí, ya te extraño
Aunque no sé tu nombre completo
Y aunque no tengo más que un recuerdo inventado
de tu aroma
Ya te extraño a vos, posibilidad muerta
plan falso

ANTICIPATION/SOMATIZATION (08.17)

We don't know who hides in the fog
and learn to distrust an embrace
this is why we hide our sighs
for the day when the final
strike of night arrives

And we take photos
to not lose track of time
and we walk quickly through the countryside
knowing there's so much more under the surface
of what we can handle

Who has the time to talk poetry on a Monday,
when there's barely enough space
to move our arms

And our *I love you's* die drowned
after hurried layers of paint and lime,
between empty *hello's*
and old routes
and dejected faces
and distances inserted in our stomachs
that sometimes try
to escape through our eyes
and we can't control them

Yes, I miss you
although I don't know your full name
and although I only have an imagined memory
of what you smell like
I already miss you, dead possibility
fake plan

Aunque no tenga tiempo extinto
ni esperanza para comparar
Y me pregunto qué te estresa esta madrugada
en la que también,
yo sé,
esperás que alguna magia sea cierta
O que tus ruegos hayan encontrado, al fin, un puerto
y no vuelva a salir el sol

Pero no tenemos tiempo ya para los atardeceres
Y antes que la noche
nos llega la ansiedad
Y nuestros pies se aceleran sobre las flores
Y las polillas se entregan,
sin retraso y sin fe,
en su culto a la luz
Porque ya no tenemos
más espacio en las manos
y el tiempo se nos escurre como arena, sí,
Pero también entre los pies
como marea tranquila que viene, sí,
pero al instante se va

Quién se esconde entre la niebla
Y a quién le hablan las luces parpadeantes
y los letreros en las calles
Yo he visto danzar a las ratas
y he sido espectadora de rituales circulares
Asomada, apenas, por mis ventanas verdes,
he intentado seguir los aleteos
y he tropezado con mi mortalidad
Cómo cantarte, entonces,
a medianoche
Cómo llenar páginas con tu nombre

although I have no extinct time
or hope to compare
and I ask myself what's stressing me this morning
in which also,
I know,
you hope some magic is real
or that your prayers have finally found a harbor
and the sun never rises again

But there's no time left for sunsets
and before nightfall
anxiety arrives
and our feet move faster against the floors
and the moths come out,
undelayed and endless,
in their cult of light
because there is no
more space in our hands
and time drains us like sand, yes,
that also enters our feet
like a calm incoming tide, yes,
but one that leaves instantly

Who hides in the fog
and who do the blinking lights
and street signs speak to
I've seen the rats dancing
and I've witnessed circular rituals
peeking from my green windows,
I meant to follow the fluttering
and stumbled with my mortality
like talking to you
at midnight
like filling pages with your name

si nunca tuvimos alas
y nuestras alegrías condicionadas
no están pensadas para volar

Ya no guardamos soles
y hemos olvidado que el cielo
también está lleno de colores
Porque la vanidad y el cansancio nos han vuelto
resignados amantes del suelo
Ya no compartimos canciones
Porque tenemos un no atravesado en la garganta
y nuestros dedos no saben protegerse
del aire helado
Y porque no aprendimos a enamorarnos del temblor
Qué te digo, entonces, a estas deshoras
adornadas con tintineos de cristal
Qué te digo, pues,
que sepa acomodarse en tu cabeza
Que sepa hacerse humo tibio
y te envuelva

Escribí tus sueños absurdos en un papel
Sacrificá tus puños
y el grito del adiós desgarrador
Abrazate frente a la ventana abierta
y sé tu propia nube
Porque ya no podemos confiar en otros brazos
o en las miradas
o en las sonrisas rosadas
En los balbuceos tímidos y los esfuerzos
ya no podemos confiar
Porque hay tragedias y mares de cera
detrás de la buena voluntad

if we never had wings
and our conditional happiness
isn't too heavy to fly

We no longer hide suns
and we've forgotten that the sky
is also filled with colors
because vanity and fatigue has turned us
into resigned lovers on the floor
we no longer share songs
because we have a *no* stuck in our throats
and our fingers don't know how to protect
themselves from the freezing air
why don't we learn to love their shivering
what do I tell you, now, these afternoons
adorned with jingling crystals
what do I tell you, then,
that it knows the inside of your head
that it knows how to become warm smoke
and smother you

Write down your absurd dreams
sacrifice your fists
and the piercing cry of goodbye
embrace yourself in front of the open window
and be your own cloud
because we can't trust other arms
or looks
or pink smiles
we can no longer confide
in the timid babblings and efforts
because there are tragedies and seas of wax
behind any good will

Y los caminos se bifurcan
se dividen
se extienden
siempre
Aunque tengan siempre,
también,
un mismo final.

and the paths fork
divide
extend
always
although they too
will always lead
to the same place.

ACKNOWLEDGMENTS

Grateful acknowledgement is made to the following literary magazines and entities where some of these translations first appeared, sometimes in earlier forms:

Canary Seven: "Temporary"
Columbia Journal Online: "Parallel", "Be", "This Rain of Ideas is a Storm", "Ghost", "Six Years"
Empty Mirror: "Changing the Station", "Complete Turn", "For You, Either", "I Remember", "March", "NO"
Guernica: "How a Bird Dies"
New England Review: "Anticipation/Somatization"
Poetry Northwest: "Prelude"
Small Orange: "A Foriegn Place"

HAEL LÓPEZ longs to be another animal. She was born in Guatemala City in 1994, and currently resides in Quetzaltenango. In 2015 she created the blog tresnoventaytres.wordpress.com and started self-publishing both on the blog and in fanzines. In 2018 her first poetry book, *Rutinas/Despedidas*, was published by Sión Editorial, and since then she has participated in some other fanzines, national poetry anthologies, and literary websites. Her poems have appeared (in translation) in *New England Review, Columbia Journal Online, Guernica, Poetry Northwest, Small Orange*, and elsewhere.

ARIEL FRANCISCO is the author of *Under Capitalism If Your Head Aches They Just Yank Off Your Head* (Flowersong Press, 2022), *A Sinking Ship is Still a Ship* (Burrow Press, 2020) and *All My Heroes Are Broke* (C&R Press, 2017), and the translator of Haitian-Dominican poet Jacques Viau Renaud's *Poet of One Island* (Get Fresh Books, 2023). A poet and translator born in the Bronx to Dominican and Guatemalan parents and raised in Miami, his work has been published in *The New Yorker, American Poetry Review, Academy of American Poets Poem-a-Day, The New York City Ballet, Latino Book Review*, and elsewhere. He is Assistant Professor of Poetry at Louisiana State University.

www.ingramcontent.com/pod-product-compliance
Lightning Source LLC
Chambersburg PA
CBHW011217120626
46545CB00008B/3031